CONFÉRENCES

SUR LE NOTARIAT ET SUR L'ENREGISTREMENT

ÉTUDE

SUR LES SUCCESSIONS IRRÉGULIÈRES

SUR LES SUCCESSIONS VACANTES

ET SUR LES

QUESTIONS D'ENREGISTREMENT QUI S'Y RATTACHENT

LYON

IMPRIMERIE MOUGIN-RUSAND

3, rue Stella, 3

1885

CONFÉRENCES

SUR LE NOTARIAT ET SUR L'ENREGISTREMENT

SUCCESSIONS VACANTES

CONFÉRENCES

SUR LE NOTARIAT ET SUR L'ENREGISTREMENT

ÉTUDE

SUR LES SUCCESSIONS IRRÉGULIÈRES

SUR LES SUCCESSIONS VACANTES

ET SUR LES

QUESTIONS D'ENREGISTREMENT QUI S'Y RATTACHENT

LYON

IMPRIMERIE MOUGIN-RUSAND

3, rue Stella, 3

1885

CONFÉRENCES

SUR LE NOTARIAT ET SUR L'ENREGISTREMENT

ÉTUDE

*Sur les Successions irrégulières, sur les Successions vacantes
et sur les questions d'Enregistrement qui s'y rattachent,*

NOTAMMENT SUR CELLE-CI :

**La déclaration de vacance opère-t-elle une transmission
passible du droit de mutation par décès ?**

DROIT CIVIL

CODE CIVIL, ART. 713. — Les biens qui n'ont point de maître appartiennent à l'Etat.

Le livre 3e, intitulé : Des différentes manières dont s'acquiert la propriété, comprend les successions dans le titre 1er.

SUCCESSIONS IRRÉGULIÈRES

Art. 767. — Lorsque le défunt ne laisse ni parents au degré successible, ni enfants naturels, les biens de sa succession appartiennent au conjoint non divorcé qui lui survit. .

Art. 768. — A défaut de conjoint survivant, la succession est acquise à l'Etat.

Art. 769. — Le conjoint survivant et l'Administration des domaines, qui prétendent droit à la succession, sont tenus de faire apposer les scellés et de faire inventaire dans les formes prescrites pour l'acceptation des successions sous bénéfice d'inventaire.

Art. 770. — Ils doivent demander l'envoi en possession au Tribunal de première instance dans le ressort duquel la succession est ouverte. Le Tribunal ne peut statuer sur la demande qu'après trois publications et affiches, dans les formes usitées, et après avoir entendu le procureur de la République.

DES SUCCESSIONS VACANTES.

Art. 811. — Lorsqu'après l'expiration du délai fixé pour faire inventaire et pour délibérer, il ne se présente personne qui réclame une succession, qu'il n'y a pas d'héritier connu, ou que les héritiers connus y ont renoncé, cette succession est réputée vacante.

Art. 812. — Le Tribunal de première instance dans l'arrondissement duquel elle est ouverte, nomme un curateur sur la demande des parties intéressées, ou sur la réquisition du procureur de la République.

Art. 813. — Le curateur à une succession vacante est tenu, avant tout, d'en faire constater l'état par un inventaire ; il en exerce et poursuit les droits ; il répond aux demandes formées contre elle ; il administre, sous la charge de faire verser, le numéraire qui se trouve dans la succession, ainsi que les deniers provenant du prix des meubles ou immeubles vendus *dans la caisse du receveur de la*

Régie, pour la conservation des droits, et à la charge de rendre compte à qui il appartiendra.

Avant 1789, sous le régime féodal, la transmission des biens par décès ouvrait au profit du seigneur le droit de relief à la charge des *héritiers, donataires* ou *légataires* qui recueillaient les biens transmis par le précédent propriétaire. Ce droit était le prix de l'investiture du nouveau possesseur.

Mais à défaut d'héritiers, donataires ou légataires, comme sous le Code civil, la succession était déclarée vacante, et les jurisconsultes étaient divisés sur la question de l'exigibilité du droit de relief.

L'affirmative était adoptée par Chopin, Baquet, Auzannat et Lecamus ;

La négative par Loyzeau, Ricard, Duplessis, Lemaître, Poquet de Livonnière, Lalande, Legrand, Billecoq, Guyot, et Hervé. Ces auteurs citent à l'appui de leur opinion deux arrêts rapportés par Dumoulin, en date de 1554 et 1600.

En 1789, les droits féodaux furent abolis. « Depuis lors les transmissions de biens par décès furent entièrement affranchies du droit de transmision. Ce droit fut établi, à *titre d'impôt* sur *les mutations par décès,* d'abord par l'article 16 de la loi du 9 vendémiaire an VI, puis par l'art. 69 de la loi du 22 frimaire an VII. Ce nouvel impôt frappe non seulement la transmission par décès des immeubles, à l'instar du droit de relief, mais encore celles des valeurs mobilières qui n'y étaient pas soumises par le régime féodal.

De l'ensemble des dispositions de ces lois, il résulte évidemment que la *mutation,* qui est la condition substantielle du droit de transmission, n'existe que par le fait de la substitution d'un nouveau propriétaire à l'ancien, suivant la maxime, la mort saisit le vif ; qu'à défaut de celui-ci, s'il y a dessaisissement de la part *du mort,* il n'y a pas saisine par *le vif*, ni mutation de propriété ; que les biens dépendant de la succession sont provisoirement *sans maître* ; que par l'effet de la déshérence, qui est la suite de la vacance et dont l'effet est rétroactif, l'Etat est réputé y avoir succédé dès le jour de l'ouverture de la succession ; et que dès lors la vacance produisait simplement un état suspensif, qui suspendait l'exigibilité du droit de mutation dont la quotité dépend du degré de parenté de celui qui, en définitive, sera appelé à recueillir les biens, dont le *de cujus* a été dessaisi.

Indépendamment de cette suspension, la déclaration de vacance a pour effet la vocation des héritiers irréguliers, auxquels la succession est dévolue par les art. 767 et 768 du Code civil.

JURISPRUDENCE

Sous l'empire de la loi du 9 vendémiaire an VI, qui, comme celle du 22 frimaire, soumettait au droit de mutation les héritiers, légataires ou donataires, la Cour de cassation, par arrêt du 9 prairial an VI, décida que le droit de mutation n'est pas exigible sur les biens d'une succession vacante ;

« Attendu qu'aux termes de l'article 16 de la loi du
« 9 vendémiaire, le droit d'enregistrement n'étant dû que
« pour *mutation* entre vifs ou par décès, et cette der-
« nière mutation n'étant pas opérée tant qu'une succession
« est vacante, il n'y a pas lieu de percevoir de droit. »

Après cet arrêt, une circulaire administrative du 12 messidor, n° 1306, introduisit une distinction entre les successions recueillies directement par la République, et celles devenues vacantes par la renonciation des héritiers.

A l'égard des premières, elle reconnaît qu'aucun droit n'est exigible ; mais que, si avant l'échéance de la prescription, un héritier se présente, il doit acquitter le droit dans les six mois de son envoi en possession.

Quant aux successions vacantes par la renonciation des héritiers, la circulaire enseigne que le droit est exigible, quoique la mutation ne soit pas opérée.

Depuis la loi du 22 frimaire, qui cependant avait répété sans modification les termes de celle du 9 vendémiaire an VI, a surgi une nouvelle doctrine, suivant laquelle le curateur, quoique soumis par l'article 813 du Code civil à ne *recevoir* aucune somme et à faire verser directement par les débiteurs, dans la caisse du *receveur du domaine*, toutes sommes dépandant de la succession, est déclaré le représentant soit des héritiers, soit d'un être moral désigné sous le nom d'*hérédité* et débiteur personnel du droit de mutation sur les valeurs dépendant do l'*hérédité*, et passible des peines édictées pour défaut de déclaration, omission ou insuffisance.

Cette doctrine illogique a été adoptée par divers arrêts de la Cour de cassation en date des 19 ventôse an X, 13 nivôse, 17 pluviôse, 5 floréal et 19 thermidor an XIII, 15 juillet 1806 et 4 août 1807.

L'arrêt du 3 nivôse an XIII est ainsi motivé :

« Vu les articles 4, 27 et 32 de la loi du 22 frimaire
« an VII, considérant qn'il résulte de ces dépositions de la
« loi que le droit d'enregistrement est ouvert par le décès,
« puisque l'article 24 fait courir le délai utile, pour faire la
« déclaration et acquitter le droit, du jour de l'*adition de*
« *l'hérédité*, et que l'article 39 de la même loi atteint de
« la peine du demi-droit en sus celui qui n'a pas satisfait,
« dans ce délai, à ce qu'exige l'article 24.

« Considérant que le curateur à une succession vacante
« représente l'*hérédité, qui est un être moral*, et au nom
« de laquelle il exerce toutes les actions actives et pas-

« sives, dont le défunt a nécessairement été dépouillé par
« l'événement de son décès ; qu'ainsi il y a *transmission*
« *de propriété du défunt à son hérédité.*

« Considérant enfin que les dettes dont une *hérédité* est
« grevée, dettes qui sont presque toujours les causes de la
« répudiation ou de l'abstention des successibles, ne peu-
« vent en faire cesser le droit de mutation, ni en modifier
« la perception, puisque le droit est dû sur la valeur des
« biens, sans distraction des charges.

L'arrêt de 1807 contient les motifs suivants :

« Considérant que des dispositions de la loi de frimaire
« an VII, il résulte : 1° que le droit proportionnel est dû
« sur toute succession dès l'instant de son ouverture ;
« 2° que le droit doit être acquitté non seulement par les
« héritiers, donataires et les légataires, mais encore et à
« leur défaut par les tuteurs, curateurs et autres adminis-
« trateurs ; 3° enfin que les revenus des biens, en quelques
« mains qu'ils se trouvent, sont affectés au paiement du
« droit. D'où il suit que le curateur d'une hoirie vacante
« est tenu, en cette qualité, du droit proportionnel échu
« par l'ouverture de la succession, et que l'Administration
« de l'enregistrement a, dans tous les cas, une action contre
« le curateur, *sauf le compte de son administration et sauf*
« *les droits que les autres créanciers pourraient être dans*
« *le cas d'exercer utilement.* Qu'ainsi le jugement attaqué
« (en admettant que les juges aient eu de justes motifs
« pour ne pas condamner Vigneron personnellement, soit
« à la peine du demi-droit, soit au droit principal), n'a pu
« néanmoins déclarer les administrateurs non recevables
« dans leur contrainte contre le curateur à l'hoirie, en
« cette qualité, sans contrevenir formellement aux articles
« précités de la loi du 22 frimaire an VII. Casse.

Le célèbre arrêt du 23 juin 1857, rendu sur le rapport

M. Laborie, a fait reconnaître le principe que le droit de mutation par décès, n'était plus, comme sous le régime féodal, le prix de l'investiture du nouveau possesseur, mais qu'il constituait simplement un impôt indirect, n'affectant pas la propriété transmise, comme le serait un droit réel, d'où la conséquence que cet impôt n'a que le caractère d'une dette personnelle mise à la charge des *héritiers*, *donataires* ou *légataires* par l'art. 32 de la loi du 22 frimaire, avec cette addition ;

« Les cohéritiers seront solidaires.

« La nation aura *action* sur les revenus des biens à dé-
« clarer, en quelques mains qu'ils se trouvent, pour le
« payement des droits dont il faulrait poursuivre le
« recouvrement. »

L'arrêt du 23 juin 1857, contient dans ses motifs, les considérations suivantes :

« Cette action peut, en certaines circonstances, ren-
« contrer des obstacles dans le mode de son exercice,
« comme, par exemple, en cas de succession bénéficiaire,
« et surtout en cas de succession vacante, sans toutefois
« que son principe et son caractère en soient changés ou
« altérés ;

« Que d'une part, l'héritier bénéficiaire est tenu person-
« nellement, tout comme l'héritier pur et simple, du
« payement des droits de mutation, puisque le bénéfice
« d'inventaire ne lui ôte pas sa qualité d'héritier et n'em-
« pêche point que par les effets de la saisine, la trans-
« mission des biens ne se soit opérée sur sa tête ;

« Que si les conséquences de la saisine sont modifiées,
« soit par le bénéfice d'inventaire en faveur de l'héritier,
« soit par la séparation des patrimoines, en faveur des
« créanciers de la succession, ces principes de la loi civile,

« applicables seulement dans les rapports de l'héritier ou
« de ses créanciers personnels, avec les créanciers de la
« succession, n'ont point dérogé aux règles de la loi
« spéciale et ne peuvent être invoqués ni par l'Administra-
« tion de l'enregistrement, ni contre elle ;

« Que, d'autre part, en cas de succession vacante, le
« curateur représente *l'hérédité, être morale*, non encore
« personnifié dans un héritier connu, au nom duquel sont
« exercés tous les droits actifs et passifs dont le défunt a
« été nécessairement dépouillé par l'événement de son
« décès ; qu'ainsi, même alors, il y a mutation ou trans-
« mission de propriété du défunt à l'*hérédité* qui est tenue
« dès lors du payement des droits ;

« Attendu que si, pour assurer le recouvrement de cette
« dette personnelle des héritiers, un privilège ou un droit
« de préférence peut être attribué par le législateur au
« Trésor public sur certains biens, il faut, aux termes de
« l'article 2098 C. Nap., qu'un tel privilège et l'ordre dans
« lequel il devrait s'exercer soient écrits dans une loi, sans
« pouvoir, ni sortir du cercle tracé par cette loi, ni préva-
« loir contre les droits antérieurement acquis à des tiers ;

« Attendu que, ni les dispositions de la loi du 22 fri-
« maire an VII, à l'exception toutefois de l'article 82, ni
« aucune autre loi, n'expriment ou n'impliquent en faveur
« de l'impôt de mutation par décès, ni un privilège ou
« droit réel quelconque sur les biens à déclarer, ni l'ordre
« dans lequel un droit de cette nature aurait à s'exercer
« que les art. 4, 14 n° 8, 15, n° 7, 27, 28, 39 et 59 de la loi du
« 22 frimaire an VII se bornent, en effet, à régler les bases,
« les modes de liquidation, les délais pour l'acquittement
« des droits à percevoir, en donnant à l'Administration de
« l'enregistrement une action personnelle et solidaire contre
« les cohéritiers, et que l'on n'en saurait induire un privilège
« sur les biens à déclarer pour le recouvrement des droits

« de mutation; que si le législateur, considérant alors
« qu'un tel impôt ne devait pas excéder une année du
« revenu, a, en conséquence, par l'art. 32 de la même loi,
« donné au Trésor public action sur les revenus des biens
« à déclarer, en quelques mains qu'ils se trouvent, cette
« attribution d'un droit réel sur les revenus ne peut, en
« l'absence d'une disposition formelle de la loi, s'étendre
« au-delà et affecter les biens, à l'exemple des revenus,
« auxquels elle est textuellement restreinte,

« D'où il suit que, en ordonnant que l'Administration de
« l'enregistrement sera colloquée dans la contribution
« Clausse, par prélèvement et préférence à tous autres
« créanciers, pour une somme de 25,000 fr., montant des
« droits de mutation dus par la succession Clausse et pour
« les accessoires de la créance, l'arrêt dénoncé a formelle-
« ment violé les dispositions ci-dessus visées ;

« Par ces motifs,

« Casse et annule. »

Cette doctrine a été confirmée par un arrêt de la Cour
de cassation du 24 juin 1857, qui a refusé à l'héritier bénéficiaire, ayant acquitté de ses propres deniers le droit de
mutation, la subrogation à l'action de l'Administration et
le prélèvement au préjudice des créanciers de la succession, sur le prix des immeubles faisant la matière d'un
ordre judiciaire.

Les motifs de cet arrêt sont :

« Que le payement du droit de mutation est une dette
« personnelle à l'héritier ; que le payement d'une dette
« de cette nature en effectue l'extinction, et que dès lors
« ce paiement ne peut opérer une subrogation au droit du
« créancier au profit du débiteur lui-même. »

Le résultat de cet arrêt est que l'héritier bénéficiaire ne peut prélever au préjudice des créanciers de la succession le montant des droits par lui acquittés, qui doivent rester à sa charge personnelle et ne sont pas une dette de l'hérédité.

Enfin ces deux arrêts sont la confirmation du principe posé dans l'avis du Conseil d'Etat du 21 septembre 1810, suivant lequel l'Administration n'a aucun droit de suite, en vertu de l'art. 32 de la loi du 22 frim., sur le revenu des biens aliénés par l'héritier et que son action sur le revenu n'existe que pendant que ces biens sont possédés par les héritiers, donataires ou légataires ; et que les mots : *dans quelques mains qu'ils passent* ne s'appliquent qu'à ces derniers, mais non aux tiers acquéreurs.

Enfin de ce que le droit de mutation est une dette personnelle de l'héritier auquel les biens sont transmis, il est permis de conclure que la séparation des patrimoines, demandée par les créanciers du défunt ou résultant de bénéfice d'inventaire, crée à leur profit sur les biens de la succession un privilège qui, aux termes de l'art. 2111 du Code civil, les autorise à être préférables aux créanciers de l'héritier, au nombre desquels figure nécessairement l'Administration de l'enregistrement.

Ces principes posés, il reste à examiner quel est le droit ouvert au profit de l'Administration par l'état de vacance d'une succession.

Voici le résumé de la doctrine de l'Administration, tel qu'il est exposé dans le dictionnaire de la perception, publié par M. Géraud, directeur de l'Enregistrement à Paris, en 1880.

Art. 2244.

EXIGIBILITÉ DES DROITS

Aucun droit n'est exigible sur les successions recueillies

directement par la République ; si, avant l'échéance de la prescription, un héritier se présente, il doit acquitter le droit dans les 6 mois de son envoi en possession. Quant aux successions devenues vacantes par la renonciation des héritiers, le droit est exigible.

Circulaire du 12 messidor an VI, n° 1306.

Art. 2245.

Curateurs. Tarif. — Depuis la loi de frimaire et le Code civil, les successions devenues vacantes par la renonciation ou l'abstention des héritiers doivent être déclarées comme les autres par les curateurs, dans les 6 mois soit du décès soit de leur nomination. Si la succession devenue vacante s'est ouverte en ligne directe, il n'est dû que les droits auxquels cette ligne est imposée.

Cassation, 19 ventôse an X, instruction du 3 fructidor an XIII, n° 290, § 70.

Les droits sont liquidés d'après la ligne en faveur de laquelle la succession s'est ouverte, par la renonciation du donataire ou légataire, et la perception est réglée comme s'il n'y avait eu ni donation ni testament.

(D. F. 7 juin 1808 ; inst. 29 juin 1808, n° 386 § 733).

S'il n'existe pas d'héritiers counus, le droit est exigible au taux fixé pour la parenté collatérale la plus éloignée (8 0/0). Toutefois, si à raison de son état civil et de son âge, le défunt n'a pu laisser aucun successible ou légataire débiteur de droits inférieurs à 9 0/0, on applique ce dernier tarif.

Les droits sont payés par le curateur sur les deniers disponibles, ou le versement en est réclamé à la Caisse des dépôts sur les sommes qui y ont été consignées. Si ces sommes font l'objet d'une distribution amiable ou judiciaire, le receveur y produit pour le montant des droits en réclamant le privilège accordé par l'art. 32 de la loi de frimaire.

Les curateurs sont personnellement passibles du demi-droit en sus, s'ils ne déclarent pas la succession dans les six mois du décès ou de leur nomination. Mais on s'abstient de relever le demi-droit quand il est établi que l'absence de déclaration a eu pour cause le défaut de fonds.

Inst. 15 juin 1878, n° 2598-22.

Les héritiers, légataires et autres successeurs qui ont obtenu la remise d'une succession en deshérence doivent, dans les 6 mois de la décision qui a prescrit cette remise, acquitter les droits sur les biens qui composaient la succession au jour du décès et d'après la législation en vigueur à cette époque. Le droit est dû au taux déterminé par le degré de parenté des héritiers ou à 9 0/0 s'il s'agit de légataires étrangers, ou d'enfant naturel ou de conjoint survivant appelé à défaut de parents. On impute sur ce droit l'impôt qui aurait déjà été acquitté sur les mêmes biens par l'héritier primitivement appelé avant sa renonciation, ou par le curateur.

Instruction du 10 octobre 1878, n° 2602.

La doctrine que l'administration pratique, sous l'autorité de la Cour de cassation, paraît inexpugnable. Et cependant nous osons avancer qu'elle est illogique et contraire soit à la loi civile, soit à la loi fiscale.

Sous le régime féodal, les feudistes mettaient en doute l'exigibilité du droit de relief sur les biens dépendant d'une succession vacante. La majorité pensait que le droit était le prix de l'investiture du nouveau propriétaire, et que son exigibilité était suspendue jusqu'à la réalisation de la mutation de propriété.

C'était alors une question douteuse que la législation nouvelle était appelée à résoudre.

La loi du 6 vendémiaire an VI, art. 16 soumit à la perception du droit d'enregistrement les *mutations* par décès d'immeubles et l'art. 21 en imposait l'obligation *aux héritiers*, légataires ou donataires.

La loi du 22 frimaire an VII est plus explicite : L'art. 4 soumet au droit proportionnel les *transmissions* de biens par décès.

L'art. 14 n° 8 et l'art. 15 nᵒˢ 7 et 8 déterminent les valeurs sur lesquelles se liquident les droits pour les *transmissions par décès*.

L'art. 24 fixe les délais pour l'enregistrement des déclarations que *les héritiers, donataires* ou *légataires* auront à passer des biens *à eux échus ou transmis* par décès.

L'art. 27 indique à quel bureau les *mutations* par décès seront enregistrées.

L'art. 28 charge du paiement des droits de *mutation* par décès, les *héritiers, donataires* ou *légataires*.

L'art. 39 punit les *héritiers, donataires* ou *légataires* qui n'ont pas fait la déclaration dans les délais ; les *tuteurs et curateurs* supporteront personnellement les peines ci-dessus, lorsqu'ils auront négligé de passer les déclarations dans les délais.

Les mots *tuteurs* et *curateurs* employés à la suite de celui d'*héritiers*, dans l'art. 39, ne peuvent s'appliquer qu'à ceux des héritiers débiteurs personnels du droit principal, leur sens est clairement expliqué dans l'art. 29 qui porte que les testaments doivent être enregistrés dans un délai déterminé, à la diligence des héritiers, donataires ou légataires, de *leurs tuteurs ou curateurs*.

Enfin l'art. 39 lui-même ne met à la charge des tuteurs et curateurs que la peine du demi-droit, en sus du droit simple, laissé à celle *des héritiers ;* et le droit simple n'est exigible que *des héritiers*, quand il en existe, ayant accepté la succession.

Suivant l'art. 785 du Code civil, l'héritier qui renonce

est censé n'avoir jamais été héritier, et par conséquent avoir été affranchi *ab initio* de l'obligation imposée aux héritiers par l'art. 32 de la loi de frimaire.

C'est donc avec raison que l'arrêt de cassation du 9 prairial an VI a décidé que le droit de mutation n'est pas exigible sur les biens d'une succession vacante, attendu que l'état de *vacance* est incompatible avec celui de *transmission ;* et que sous l'empire de la loi de frimaire comme sous celle de vendémiaire, la transmission du droit de propriété du défunt à celui appelé à lui succéder, est la condition substantielle de l'exigibilité.

Dans cet état de vacance, il n'y a pas de nouveau propriétaire succédant au précédent. Le curateur a pour unique mission l'administration dans l'intérêt des créanciers et de celui des héritiers irréguliers qui seront envoyés en possession. C'est ainsi que, comme le faisait observer Dumonlin, il n'y aura changement de propriétaire et exigibilité du droit de mutation que lorsque les biens seront vendus. C'est aussi ce que disaient Guyot et Hervet.

C'est ainsi qu'aurait dû être résolue la question du droit de relief, passée du droit féodal dans la loi fiscale de l'an VII.

Mais il n'en a pas été ainsi ; et voici comment la doctrine nouvelle a été adoptée par la Cour de cassation ; sur les conclusions de M. le procureur général Merlin.

Questions de droit.

Indépendamment du droit féodal de relief, qui était perçu au profit du seigneur, à titre d'investiture du nouveau propriétaire, l'édit de mars 1703 avait établi au profit du Trésor royal l'impôt du centième denier, qui était perçu sur les mutations par décès, conformément à la disposition suivante :

« Voulons pareillement que les nouveaux possesseurs « desdits biens immeubles, à titre successif, soient tenus « de faire leur déclaration au greffe des insinuations des

« biens immeubles qui leur seront advenus par succession,
« dans les 6 mois du jour de l'ouverture desdites succes-
« sions, ce que nous n'entendons néanmoins avoir lieu
« dans les cas de succession en ligne directe. »

L'édit du mois d'août 1706 y ajoute toutes autres mutations de propriété de biens immeubles à titre onéreux.

La loi du 5 décembre 1791 avait soumis à la même obligation les nouveaux propriétaires de biens immeubles
dont la propriété leur aurait été transmise sans acte, soit
par succession, soit autrement.

Sous l'empire des édits de 1703 et de 1706, l'intendant
de la ville de Bordeaux avait décidé que le centième denier n'était pas exigible sur les biens d'une succession
vacante. Mais sa décision fut réformée par le bureau des
finances, qui n'était pas une juridiction judiciaire. La
décision du Bureau des finances, si elle ne pouvait avoir
autorité, n'était relative qu'au centième denier que la loi
de frimaire n'a pas conservé ; elle ne pouvait plus être
invoquée ni servir de fondement à la doctrine qu'a fait
prévaloir M. Merlin.

S'appuyant sur cette décision, M. le Procureur général
réussit à faire adopter par la Cour de cassation l'arrêt du
9 prairial an XII, qui, cassant un jugement du Tribunal
de Genève, proclama, contrairement à celui du 9 prairial
an VI, que la vacance d'une succession opérait une transmission de la part du défunt *à son hérédité*, être moral,
représenté par le curateur, qui devient ainsi débiteur personnel du droit de mutation, à la charge de cette nouvelle
espèce d'héritier, mais non pas seulement de la peine
prononcée par l'art. 39 de la loi de frimaire ; et, par une
contradiction singulière, l'Administration a adopté pour la
liquidation de la quotité du droit à percevoir, non pas le
degré de parenté entre le défunt et son hérédité, qu'aucune législation n'a défini, mais celui de la parenté entre

le défunt et les héritiers qui auraient renoncé, que le Code civil déclare n'avoir jamais été héritiers.

Suivant la loi du 22 frimaire, sainement interprétée, tant que les biens d'une succession sont déclarés vacants, c'est-à-dire sans maitre, il est évident qu'il ne s'est opéré aucune transmission de propriété, que si le précédent propriétaire a été dessaisi par son décès, personne ne l'a remplacé, et que, dès lors, il manque un des termes nécessaires pour opérer une mutation de propriété, qui seule peut rendre exigible le droit proportionnel, suivant les art. 4, 14, 15, 20, 29 et 39 de la loi du 22 frimaire.

Qu'est-ce que l'hérédité ?

Le dictionnaire de l'enregistrement de 1820 en donne la définition suivante :

« Ce qui est échu à l'héritier ;

« Ce qu'on recueille par succession. »

Suivant Dalloz « le mot hérédité est synonyme de succes-
« sion; il a deux exceptions et il signifie le plus souvent la
« *transmission* des biens d'une personne morte, quelque-
« fois la réunion même des biens. »

Le répertoire de l'enregistrement de Garnier ne donne pas de définition de ce mot, mais seulement du mot *héritier*;

« C'est celui qui recueille à titre successif les droits d'un
« individu décédé. »

Le dictionnaire du Notariat, dit comme celui de Garnier, que l'héritier est celui qui est apte à recueillir à titre successif, tout ou partie des droits actifs et passifs qu'avait un défunt au moment de sa mort.

Le Code civil, livre III, intitulé des différentes manières dont on acquiert la propriété, contient les dispositions suivantes :

Article 713. La propriété des biens s'acquiert et se transmet par succession, par donation entre vifs ou testamentaire.

Article 713. Les biens qui n'ont pas de maitre appartiennent à l'État.

Le droit de succéder est divisé en deux classes ;

La succession régulière dévolue aux parents les plus proches jusqu'au 12ᵉ degré, et la succession irrégulière qui appelle à défaut de parents :

1° L'enfant naturel, 13ᵉ degré ;
2° Le conjoint survivant, 14ᵉ degré ;
3° L'Etat, 15ᵉ degré.

A défàut de parents successibles, ou en cas de renonciation de leur part, la succession est déclarée provisoirement vacante, et l'administration très restreinte en est confiée à un curateur, auquel l'article 813 interdit de recevoir les sommes à recouvrer, qui doivent être versées directement par les débiteurs dans la caisse de la Régie, qui est ainsi investie de la saisine provisoire, par suite de la présomption que la succession est sans maître.

A la différence des héritiers réguliers, qui ont de pleln droit la saisine de la succession, les héritiers irréguliers sont obligés par l'art. 770 à demander au Tribunal l'envoi en possession qui ne peut être prononcé qu'après des publications destinées à provoquer l'intervention des successibles qui ne se seraient pas présentés, dans l'ignorance de l'ouverture de la succession.

Dans ce cas, la déclaration de vacance doit être le premier acte indiquant la vocation des héritiers irréguliers.

Si l'état de vacance n'a pas pour effet d'amener la réclamation d'un successible, d'un enfant naturel ou d'un conjoint survivant, la succession appartient de plein droit à l'Etat, soit en vertu de l'art. 713, soit surtout en vertu de l'art. 768, et son droit à la propriété remonte au jour de l'ouverture de la succession, suivant la règle posée dans l'art. 883. Dans ce cas, l'Etat qui recueille la succession est tenu de toutes les obligations imposées à l'héritier par la loi fiscale, notamment de la déclaration prescrite par l'art. 27. Cette obligation doit être suspendue jusqu'à l'envoi en possession qui déclare la qualité de l'héritier, comme dans l'hypothèse où un établissement public reçoit de l'autorisation prescrite par l'art. 910 la capacité de succéder.

Il y a évidemment identité dans ces deux hypothèses. Le droit de l'Etat est suspendu jusqu'à la preuve qu'il n'existe pas d'héritier régulier ou irrégulier qui lui soit préférable, comme celui de l'établissement jusqu'à l'autorisation; mais l'accomplissement de cette condition rétroagit jusqu'à l'époque du décès et la transmission est censée s'être opérée, dès cette époque, au profit de l'Etat, que l'art. 70 autorise à jouir de l'enregistrement gratis.

La suspension de l'exigibilité du droit de mutation jusqu'à l'envoi en possession, est du reste confirmée par l'instruction générale du 10 octobre 1878.

Si l'administration était conséquente avec elle-même, après avoir proclamé qu'une première transmission s'était opérée du défunt à son hérédité, n'aurait-elle pas dû enseigner qu'une seconde transmission a lieu et donne ouverture à un nouveau droit, lorsqu'un héritier régulier ou irrégulier est envoyé en possession après la déclaration de vacance. Dans ce cas l'envoyé en possession ne succèderait pas directement au défunt, mais à l'*hérédité*, être imoral, qui aurait recueilli le bénéfice d'une première trⱥnsmission.

. Cette simple exposition devrait suffire pour demontrer que le droit de mutation par décès n'est exigible que dans le cas où il y a transmission réelle des biens du *de cujus*, à un héritier, donataire ou légataire déterminé, qui accepte la transmission ; que l'abstention, la renonciation, qui ont pour effet la déclaration de vacance, suspendent la transmission et l'exigibilité du droit de mutation par décès ; que le curateur n'étant pas nouveau propriétaire, ni curateur d'un héritier qui n'est pas encore connu, n'est à aucun titre débiteur du droit de mutation ; que l'hérédité n'est pas autre chose que la matière de la transmission ;꜔

que suivant le célèbre arrèt du 23 juin 1857, l'*hérédité*
n'est pas débitrice du droit de transmission qui constitue
une dette personnelle de l'héritier. Que l'hérédité n'est pas
autre chose que le patrimoine du défunt dont ses créanciers peuvent demander la séparation qui leur assure le
droit de préférence à l'égard des créanciers personnels de
l'héritier, au nombre desquels est l'Administration de l'enregistrement pour le droit de mutation ; et qu'enfin c'est une
monstruosité d'en calculer la quotité en raison du degré de
parenté de l'héritier renonçant, étranger à la succession.

Tout cet échafaudage de sophismes a pour base cette
proposition, que le droit de mutation serait dû par l'hérédité, être moral, au lieu de l'héritier, à laquelle elle est
transmise, proposition repoussée par l'arrêt du 23 juin
1857, malgré l'erreur échappée à M. Laborie qui a subi
l'influence d'un préjugé traditionnel, dont on peut citer un
autre exemple.

Avant 1789, le Parlement était dans l'usage de faire citer
le juge ecclésiastique qui avait prononcé une peine de
discipline contre un homme d'église *mal vivant*, à l'effet
de défendre son jugement contre l'appel comme d'abus
interjeté par celui qu'il avait condamné en sa qualité de
juge ; et, malgré les remontrances du clergé et un édit de
Louis XIII de 1625, cet usage avait été maintenu, ainsi
que le constate le traité de l'appel comme d'abus publié
par Mgr Affre, l'archevêque de Paris.

A défaut du juge ecclésiastique, qui n'était plus sous sa
juridiction, la Cour de cassation avait introduit le même
usage contre le président de la Chambre de discipline des
Notaires, qui était cité à comparaître par le ministère d'un
avocat à ses frais, devant la chambre civile, pour défendre
au pourvoi admis par celle des requêtes. J'ai été personnellement exposé à subir cet usage, dont M. le Procureur
général Dupin était chaud partisan. Mais plus tard, à la
suite d'observations présentées à M. le conseiller Greffier,

cet usage fut reconnu abusif, et un arrêt en date du 24 janvier 1881, ordonna d'office la mise hors de cause d'un président de Chambre de discipline qui avait été appelé, comme je l'avais été, mais qui, plus heureux que moi, n'eut pas à recevoir la signification de l'arrêt qui m'avait condamné par défaut.

Puissent les arguments qui précèdent faire cesser la doctrine de la transmission du défunt à son hérédité.

Des circonstances nouvelles peuvent favoriser ce résultat.

Un arrêt récent de la chambre des requêtes, rendu sur le rapport de M. le conseiller Voisin, a décidé le 15 avril 1885, qu'il y a lieu à déclarer vacante une succession, non seulement en cas de renonciation des héritiers, mais encore dans celui où ils seraient exclus par une exhérédation, lors même que ceux-ci en réclameraient la saisine, par le motif que l'exhérédation est un mode de disposition qui appelle à la succession ceux que les art. 767 et 768 désignent, pour la recueillir à leur défaut.

Cette décision favorise la prétention du Domaine de l'Etat à la succession, ouverte à Lyon, d'un M. Girard qui, par un testament, avait d'abord exhérédés ses héritiers naturels pour instituer un légataire universel ; mais ce légataire universel ayant prédécédé le testateur, le Domaine prétend que l'exhérédation étant définitive, la caducité du legs universel lui profite. Dans ce cas, comme dans celui de l'arrêt du 15 avril 1885, il y aurait lieu à déclarer la vacance qui doit nécessairement précéder la deshérence, et a pour effet l'application des art. 676 et 768.

La question est actuellement soumise à la Cour d'appel de Lyon. Elle se présentera de nouveau à Lyon, si le Conseil d'Etat refuse à la cure d'Ainay l'autorisation d'accepter le legs universel fait par M. Dupuy dans un testament contenant la déclaration qu'il n'avait connu aucun parent, et que, s'il s'en présentait, il les excluait de sa succession.

Dans ces cas, le Domaine est bien obligé de reconnaitre que le premier acte auquel il doit recourir est la déclaration de vacance, qui donne ouverture à la succession irrégulière, et qui doit précéder les publications prescrites par l'art. 770 du Code civil. Au défaut de successibles réguliers, d'enfant naturel et de conjoint survivant, la succession est dévolue à l'Etat, qui est dès lors soumis à toutes les obligations imposées à l'héritier, notamment à la déclaration prescrite par l'art. 24 de la loi de frimaire, qui dans ce cas exceptionnel est enregistrée gratis, aux termes de l'art. 70. Dès lors, l'Etat, *héritier irrégulier,* est reconnu avoir succédé seul et immédiatement au *de cujus,* et non pas seulement à dater de l'envoi en possession, qui est déclaratif et non translatif de propriété. Pendant la vacance, la transmission était suspendue. Si la caisse du receveur n'avait qu'une saisine provisoire, pendant la vacance elle est devenue définitive, par la déclaration du droit de l'Etat. A défaut de transmission pendant la vacance, aucun droit de mutation n'était exigible, et surtout il ne pouvait être liquidé au taux déterminé par le degré de parenté des successibles renonçants ou exhérédés.

C'est ce que vient de prononcer un jugement fortement motivé du Tribunal de Fontainebleau du 20 décembre 1883, publié par le *Moniteur judiciaire,* le 23 juin 1885, qui a refusé d'admettre dans une contribution la demande en collocation de la Régie. Ce jugement est conforme à l'arrêt de cassation du 9 prairial an VI, mais contraire à ceux qui l'ont suivi Le pourvoi de la Régie a été admis par la chambre des requêtes.

Les observations qui précèdent ont pour but d'obtenir de la chambre civile un changement radical de la jurisprudence introduite par M. le procureur général Merlin, et de faire respecter dorénavant le droit de préférence que la séparation des patrimoines garantit aux créanciers du *de cujus,* sur les biens de l'hérédité, à l'égard de la Régie, créancière personnelle de l'héritier, soit qu'il succède à titre régulier ou irrégulier, ainsi que le prononce l'art. 28 de la loi de frimaire, et que l'ont proclamé les arrêts des 23 et 24 juin 1857 et le jugement du 20 décembre 1883.

Nous oserons même soutenir, contre la jurisprudence, mais avec l'autorité législative du Conseil d'Etat du 21 septembre 1810, la thèse que le privilège de la séparation des patrimoines s'étend aux revenus, tout aussi bien qu'aux capitaux des biens à déclarer.

Que la loi fiscale n'a établi au profit de la Régie aucun privilège ; que la loi civile a gardé le même silence.

Que si l'article 32 de la loi du 22 frimaire lui a donné une *action* solidaire contre les héritiers et une action sur les revenus des biens à déclarer, en quelques mains qu'ils passent, cette action n'a créé ni un droit réel, ni un droit de suite, ni un privilège ; que l'avis du Conseil d'Etat du 21 septembre 1810, qui l'a interprété, en a réduit l'application au temps pendant lequel les revenus appartiennent aux héritiers, donataires ou légataires, et pendant qu'ils en ont la libre disposition ; que cette action cesse par l'effet de l'aliénation des biens ou de l'affectation spéciale des revenus à un privilège quelconque ;

Que les termes de cet article 32 semblent plutôt restreindre aux revenus l'action que tout créancier a contre son débiteur, que lui donner un droit plus étendu ;

Qu'en inscrivant dans la loi de frimaire le titre V, intitulé : « Du payement des droits et de ceux qui les doivent acquitter », l'action de la Régie a été limitée aux personnes qui y sont indiquées et que, relativement au concours avec d'autres créanciers de ses débiteurs, elle reste soumise au droit commun, qui distingue les créances privilégiées de celles qui ne le sont pas, et qui, dans les articles 878 et 2111 du Code civil, a créé le privilège de la séparation des patrimoinés au profit des créanciers de la succession, au préjudice de la Régie, qui n'est créancière que de la personne des héritiers.

Et enfin, répondant à l'argument tiré par M. le professeur Serrigny, de la disposition des articles 14 et 15 de la loi de frimaire, portant que la valeur des biens à déclarer est calculée, pour la perception, sans distraction des charges, nous objecterons que ce mode d'évaluation n'oblige que le déclarant, mais qu'il n'autorise pas la Régie à écarter les créanciers, comme s'ils n'existaient pas.

Quelle est la signification du mot *action* employé par l'art. 32 ?

« Le praticien français enseignait que l'action est le
« droit que nous avons de demander et de poursuivre en
« justice ce qui nous est dû, ou ce qui nous appartient.

« Qu'il y a deux sortes *d'actions*, les personnelles et les
« réelles. Les mixtes sont composées des deux.

« Les personnelles sont celles par lesquelles nous agis-
« sons contre ceux qui nous sont obligés.

« Les actions personnelles sont attachées aux personnes;
« les réelles aux choses qu'elles suivent *en quelque main*
« *qu'elles puissent passer.* »

Ces dernières expressions inscrites dans l'art. 32 avaient fait naître le doute sur la nature de l'action donnée à la régie. Mais l'avis du Conseil d'Etat, du 21 septembre 1810, a interprété cet article dans le sens que l'action était simplement attachée à la personne *des héritiers donataires ou légataires des biens à déclarer.* Et cette action personnelle ne fait obstacle ni au privilège de la séparation des patrimoines en faveur des créanciers du défunt, ni même au concours des autres créanciers personnels des héritiers, débiteurs de la régie.

Voici le texte de l'avis qui a interprété avec l'autorité législative l'art. 32 de la loi de frimaire:

AVIS DU CONSEIL D'ÉTAT DU 21 SEPTEMBRE 1810

Considérant : 1° relativement au droit principal, que l'article 32 précité ne concerne que les personnes dénommées au § 1ᵉʳ, c'est-à-dire les héritiers, donataires ou légataires ;

Que les deux paragraphes suivants n'ont pour objet que d'appliquer les obligations qui résultent de la disposition principale, *pour chacune de ces mêmes personnes*, savoir : pour les cohéritiers la solidarité, et pour tous, même pour les donataires ou légataires à titre particulier, l'affectation du revenu au paiement du droit et que cet article ne peut regarder en rien les tiers acquéreurs.

2° En ce qui concerne le droit et le demi-droit en sus que la rédaction de l'art. 39 précité prouve de plus en plus que la loi ne s'est point occupée des tiers acquéreurs ; il n'y est question que des héritiers, donataires et légataires, comme dans l'article 32; si la loi avait entendu comprendre les tiers acquéreurs dans les dispositions des art. 32 et 39, elle l'aurait déclaré par une disposition expresse, puisque celles des articles 32 et 39 ne peuvent s'appliquer à eux. Ce n'est pas en effet aux tiers acquéreurs à faire les déclarations de mutation par décès, et les peines pour omission de biens ou insuffisance d'estimation ne peuvent s'appliquer à eux, puisqu'ils ne sont point tenus à ces formalités.

3° Que l'avis du Conseil d'Etat, approuvé par S. M., le 9 février 1810, interprétatif de l'article 38 de la loi du 22 frimaire n'est applicable qu'à cet article. Dans le cas de l'article 38, le double droit n'est dû qu'à cause des actes consommés ; la loi ne s'y est point occupée des personnes. L'article 39 au contraire ne parle que des héritiers, donataires ou légataires, qui n'ont pas rempli les formalités exigées ; cette différence dans ces deux cas en apporte nécessairement dans l'application de l'avis précité.

Est d'avis que ni pour le paiement du droit principal dû à cause de mutations par décès, ni conséquemment pour le droit et le demi-droit en sus, dont la peine est prononcée par l'article 39 de la loi du 22 frimaire an VII, l'action accordée par l'art. 32 de cette loi ne peut être exercée au préjudice des tiers acquéreurs.

DUCRUET,
Notaire honoraire.

Lyon. — Impr. P. Mougin-Rusand, rue Stella, 3.

www.ingramcontent.com/pod-product-compliance
Ingram Content Group UK Ltd.
Pitfield, Milton Keynes, MK11 3LW, UK
UKHW021628130726
13696UKWH00005B/2085